CONVERSACIÓN

ASERTIVA

Título original: *Changing the Conversation. The 17 Principles of Conflict Resolution*
Edición: Alejandra Santoy
Coordinación de diseño: Cristina Carmona
Diseño: Oyuki Alvarez
Traducción: Carlos Díaz

© 2014 Dana Capersen y Joost Elffers
© Dominik Mentzos, fotografía de la autora
© 2023 VR Editoras, S. A. de C. V.
www.vreditoras.com

Esta edición fue publicada en acuerdo con *Penguin Books, un sello de Penguin Publishing Group, una división de Penguin Random House LLC.*

México: Dakota 274, colonia Nápoles,
C. P. 03810, alcaldía Benito Juárez,
Ciudad de México.
Tel.: 5220–6620 • 800–543–4995
e-mail: editoras@vreditoras.com.mx

Argentina: Florida 833, piso 2, oficina 203
(C1005AAQ), Buenos Aires.
Tel.: (54-11) 5352–9444
e-mail: editorial@vreditoras.com

Primera edición: octubre de 2023

ISBN: 978-607-8828-81-4

Impreso en México en Litográfica
Ingramex, S. A. de C. V.
Centeno No. 195,
Col. Valle del Sur, C. P. 09819,
alcaldía Iztapalapa, Ciudad de México.

¡Tu opinión es importante!

Escríbenos un e-mail a
miopinion@vreditoras.com
con el título de este libro
en el "Asunto".

Conócenos mejor en:

www.vreditoras.com
f **VREditorasMexico**
X **VREditoras**

Dana Caspersen

CONVERSACIÓN

ASERTIVA

17 principios que te harán
un experto en solucionar
conflictos

A mis padres,

con amor y agradecimiento por guiarme a través de tantos enredos.

agradecimientos

Dana Caspersen

Agradezco a todos los que me han ofrecido sus historias y me han ayudado a ver las posibilidades en los conflictos. A mis maestros en el Instituto Woodbury por su sabiduría acertada y flexible, y a los bailarines de todo el mundo por mostrarme a toda costa lo que significa realizar una práctica diaria de transformación. Doy gracias especiales a Joost Elffers por proponer y darle forma a este proyecto. A Carolyn Carlson, nuestra maravillosa editora en Penguin. Por último, a mi familia, por todo.

Joost Elffers

Conversación asertiva es el resultado radical de crear un libro donde no hay jerarquías en su contenido: el concepto, el texto, la edición y el diseño, todos, son parte de una totalidad. Es lo que llamo una "producción horizontal" ya que todo importa por igual y cada parte depende y se respalda en las demás.

Me gustaría expresar mi agradecimiento y aprecio a: Dana Caspersen, por confiarme su texto y permitirme visualizarlo, a Molly Davies, por presentarme a Dana. A Carolyn Carlson, nuestra editora en Penguin, por lograr visualizar lo que este libro podía ser.

Agradezco especialmente a Patricia Childrens, una diseñadora excepcional quien de manera paciente e incansable me ayudó a volver realidad mis conceptos de diseño para este libro. Y a Lindy Judge, por su dedicada edición y por mantener en marcha este proyecto.

Conflicto

No puedes cambiar la forma
en que las personas se comportan
durante un conflicto ni tampoco
puedes cambiar la situación.

Pero puedes cambiar lo que haces.

Al elegir los enfoques que aquí se mencionan, puedes cambiar tu conversación.

► Al cambiar tus conversaciones, puedes resolver los conflictos en tu vida.

Este libro te proporciona 17 principios para la resolución de conflictos: herramientas prácticas para personas que se encuentran en situaciones difíciles.

percibe
el conflicto
como una
oportunidad

Practicar estos principios ayuda a cambiar la forma en que expresamos lo que nos conflictúa. Ofrece una manera de resolverlo desde adentro y le sirve a todos los involucrados. Los principios proporcionan estímulos para ver los conflictos como momentos de oportunidad. Nos alientan a reconocer nuestra habilidad de reunir la curiosidad y el valor necesarios para alejarnos de los ciclos de ataques y contraataques y avanzar hacia la resolución con la elegancia y destreza suficientes.

Ya sea que leas o no los capítulos de este libro en orden, recomiendo que te tomes el tiempo de hacer los ejercicios. La habilidad de abordar el conflicto de manera efectiva necesita práctica. Todo el que desee desarrollar esta capacidad puede hacerlo.

El conflicto puede ser tan útil como inevitable. El conflicto destructivo no es ni uno ni otro.

antiprincipios

Obstaculiza el hablar y escuchar

1 Escucha los ataques. Ignora cualquier información adicional que te ofrezcan.

2 Ataca a la otra persona. Crea y favorece patrones destructivos.

3 Provoca a la peor versión de la otra persona.

4 Confunde necesidades, intereses y estrategias.

5 Ignora tus emociones o exprésalas de forma destructiva.

6 Asume que reconocer implica un acuerdo. No reconozcas.

7 Haz sugerencias en vez de escuchar.

8 Juzga a los demás, evalúa y haz observaciones.

9 Hazle caso a tus suposiciones y no las compruebes.

Estáncate o avanza hacia la destrucción

10 Mantén una postura rígida. No intentes comprender otros puntos de vista.

11 Da por hecho que el diálogo útil es imposible.

12 Niega lo que has aportado al problema. Empeora las cosas.

13 Culpa a alguien más. Evita entender la situación.

Evita el desarrollo positivo

14 Ignora el conflicto. Habla con personas equivocadas. Evita el problema.

15 Asume que no hay buenas opciones. Confórmate con soluciones que no te satisfacen.

16 Llega a acuerdos poco precisos o no llegues a ninguno.

17 Evade cualquier conflicto futuro. No planees lidiar con ellos.

solución

principios

Facilita el hablar y escuchar

1 No oigas los ataques. Escucha lo que hay detrás de las palabras.

2 Resiste el impulso de atacar. Cambia la conversación desde adentro.

3 Dirígete a la mejor versión de la otra persona.

4 Distingue necesidades, intereses y estrategias.

5 Reconoce tus emociones. Míralas como señales.

6 Diferencia entre reconocimiento y acuerdo.

7 Cuando escuches, evita hacer sugerencias.

8 Distingue entre evaluación y observación.

9 Cuestiona tus suposiciones. Abandónalas si están equivocadas.

Cambia la conversación

10 Explota tu curiosidad incluso en situaciones muy complicadas.

11 Da por hecho que los diálogos útiles existen.

12 Si estás empeorando las cosas, detente.

13 Averigua lo que ocurre, no quién tiene la culpa.

Busca formas de avanzar

14 Reconoce el conflicto. Habla con las personas correctas sobre el problema real.

15 Asume que existen opciones ocultas. Busca soluciones que los demás apoyen voluntariamente.

16 Sé explícito con los acuerdos. También cuando cambien.

17 Espera nuevos conflictos y planea qué hacer con ellos.

facilita el hablar

y escuchar

Mi tía Marie me enseñó que si el hilo se enreda mientras estás tejiendo, es un error desenredarlo jalando solo una hebra.

Las hebras del hilo se entrelazan de forma compleja. Si intentas resolver el problema extrayendo una sola, harás el nudo más difícil y será más complicado desenredarlo.

Necesitas entender la complejidad del nudo antes de descubrir cómo desenredarlo. Al principio fui por una sola hebra. Pensé que, si lograba liberarla, el resto del nudo se desharía. En vez de eso, vi cómo lo apreté más. Se complicó mucho más y tuve que usar tijeras. En algún punto me cansé, así que intenté el método de mi tía y empecé a observarlo como un todo para desenredar las hebras.

Comencé a intentar descubrir el origen del nudo.

Durante un conflicto, es muy probable que intentemos deshacer el enredo antes de tener idea de la razón o de qué lo compone. Es posible que queramos vernos como algo aparte a lo que nos genera problema: lo que nos disgusta, con lo que no estamos de acuerdo o no entendemos. Nos vemos tentados a creer que alejándonos de esas personas o situaciones no deseadas, o alejándolas de nosotros, resolveremos el problema.

Pero rara vez funciona así. Necesitamos entender las historias de los demás para saber qué hacer. No importa si nos desagradan, si no los entendemos, si no tenemos fe en su capacidad de razonamiento o, incluso, si los amamos. Sus historias, en relación con la nuestra, nos dicen por qué ocurre un conflicto. Las historias pueden ayudarnos a entender cuál podría ser una buena solución.

pasa de estar
seguro a
indagar

Averigua qué está pasando.

Aún cuando creas que ya entendiste la situación, pregúntale a los demás qué les sucede. No significa que te sentarás a escuchar un discurso de lo que creen que hiciste mal. Se trata de pedirles que te cuenten su experiencia y lo que es importante para ellos. Luego, lo más claro posible y sin culpar a nadie, haz lo mismo.

Claro, a veces parecerá imposible comenzar o mantener una conversación productiva durante un enfrentamiento. Quizá nos preocupe empeorar las cosas, no saber qué hacer o perder la cabeza. La tentación de ignorarlo o continuar con las hostilidades, una vez que ya comenzaron, puede ser fuerte. Sin embargo, no estamos condenados a repetir infinitamente estos patrones destructivos.

Tenemos una opción. Podemos escoger entre involucrarnos en patrones de conflicto que promuevan relaciones deterioradas, violencia y oportunidades perdidas, o bien, preparar nuestra mente para seguir un camino diferente. Con atención y práctica, desarrollaremos la habilidad y voluntad para iniciar esas conversaciones difíciles y estaremos presentes en el nudo del conflicto de forma efectiva y benéfica.

Podemos averiguar lo que el conflicto quiere decirnos.

Siete preguntas para iniciar la conversación

Toma la iniciativa de escuchar la historia de la otra persona y contar la tuya. No importa si es una conversación tranquila o algo más parecido a una pelea, el primer paso es respirar, hablar de experiencias y no pelear sobre puntos de vista individuales.

Durante un conflicto es difícil escuchar, pues solemos ensayar mentalmente lo que vamos a decir mientras la otra persona habla. En lugar de eso, escucha de verdad. Haz preguntas con la intención de entender. Aquí hay algunas que pueden ayudarte a descubrir la razón de un conflicto y cómo podrías cambiar las cosas de forma positiva desde el interior del nudo.

▶ Elige las preguntas que más se acomodan a tus circunstancias y aplícalas en ti y en la otra persona.

1 *¿Cómo entiendes la situación?*

2 *¿Qué es lo más importante para ti en esta situación?*

3 *¿Por qué eso te importa?*

4 *¿Cuál crees que podría ser una buena solución?*

5 *¿Cuáles son los obstáculos para llegar a ella?*

6 *¿Qué te gustaría que ocurriera ahora?*

7 *¿Por qué eso es importante para ti?*

principio 1

antiprincipio

**Escucha
los ataques.**

**Ignora cualquier
información adicional
que te ofrezcan.**

principio

No oigas los ataques.

Escucha lo que hay detrás de las palabras.

Este principio trata sobre la percepción: *¿qué elegimos escuchar en un conflicto y cómo escuchamos lo que se dice?*

La forma en que escuchamos ayuda a determinar no solo lo que oímos y experimentamos, sino también todo lo que es posible dentro de una situación.

Con frecuencia, los ciclos de ataque, defensa y contraataque dominan el conflicto. Este principio sugiere que salgamos de ellos, cambiemos nuestras razones para escuchar y no prestar atención a los ataques de los demás. Esto no es una invitación ingenua a ignorar una amenaza real, sino un llamado a cambiar nuestra postura mental hacia la persona con quien nos enfrentamos. "No oigas los ataques" propone que escuchemos la verdadera esencia del asunto. En vez de enfocarte en el ataque, escucha lo que la gente intenta decir realmente, incluso si lo hacen de la peor manera.

Pregúntate lo siguiente:

Si esto se dijera sin atacar, ¿cómo sonaría?

El impulso detrás de este principio no es moral. No se trata de ser agradable e ignorar tus necesidades o colocarte en una situación peligrosa. Más bien, es una cuestión de practicidad. En vez de quedar atrapado en una espiral poco productiva de agresión y contragolpes, "No oigas los ataques" nos incita a abordar directamente lo que se expresa si nos es importante y útil. Por supuesto, notaremos cuando nos atacan, pero si prestamos demasiada atención a eso, perderemos el tiempo en algo secundario. Para escuchar más allá del ataque, es necesario involucrarnos en una acción diferente.

no oigas los ataques

Enfócate en

escuchar el porqué.

No es fácil escuchar después de un ataque. Y, si lo haces, parece que vas contra tu intuición. Pero si tu meta es disminuir los aspectos destructivos de un conflicto y avanzar hacia la resolución, pasar por alto las agresiones es extremadamente efectivo.

Amplía tu atención.

Ignora por un momento qué te han dicho y cómo lo han dicho. Enfócate en el porqué. Aplícalo en ti y en la otra persona, especialmente cuando te sientas herido o enojado.

Ejemplos de
pensamientos
expresados con
y sin ataque:

con ataque:

"¿Qué caso tiene? De todas formas, nunca
me escuchas".

"Los inmigrantes se roban todos los trabajos
y se acaban los recursos".

"Si te importaran los niños de esta escuela,
no te irías a huelga".

"Te odio, mamá, nunca me dejas hacer nada".

"No quiero a esa mujer en la casa cuando estés
con nuestros hijos".

sin ataque:

"Tengo algo muy importante que decirte.
Quiero que me escuches".

"Me preocupa que, con las políticas de inmigración
actuales, sea más difícil encontrar un trabajo".

"Me angustia mucho cómo afectará a los niños este
conflicto entre la escuela y los profesores".

"Mamá, necesito más autonomía en mi vida".

"Me inquieta cómo afectará a nuestros hijos cualquier
relación nueva que tengamos".

Piensa en un momento específico en que te
haya ocurrido esto y pregúntate:

"¿Y si no hubiera oído el ataque?

¿Qué habría escuchado?".

Aumentar nuestra habilidad para traducir permite que
un conflicto en tiempo real se vuelva menos abrumador.
Además, aumenta las probabilidades de acceder a
nuestra propia capacidad para escuchar en situaciones
demandantes. Ya sea en familia, en el trabajo, en
la comunidad o en el país, esta práctica nos ofrece
mejores oportunidades de comprender lo importante
y no solo oír lo que se dice.

una forma de
practicar

Intenta traducir este enunciado
eliminando el ataque que contiene:

"Todo el tiempo estás menospreciando mi
autoridad con nuestros hijos.
Solo porque no tienes las agallas para
poner límites, no significa que los niños
no los necesiten".

► **Una posible traducción:**

"Creo que nuestros hijos
necesitan más límites. Me
preocupa que les estemos
dando mensajes ilógicos.
Además, siento enojo y
frustración cuando no
apoyas mis intentos por
establecerlos".

la elección

escucha el ataque

escucha la información

antiprincipio

Ataca a la otra persona.

Crea y favorece patrones destructivos.

principio

**Resiste el impulso
de atacar.**

**Cambia la
conversación
desde adentro.**

Puede parecer tonto, peligroso y hasta imposible que, durante un conflicto, te niegues a involucrarte en ciclos de ataques y contraataques.

Al resistir el impulso de atacar, podemos cambiar la naturaleza de la conversación, incluso si la otra persona pretende continuar el ciclo de agresión. Un conflicto destructivo es resultado de una comunicación errada. Durante una discusión, las personas intentan expresar aquello que les importa. Pero suelen hacerlo con maneras poco efectivas, confusas e hirientes. Esto puede distraer a los involucrados del punto central. "Resistir el impulso de atacar" no significa quedarnos sin poder ni protección, sino evitar que las agresiones desvíen la conversación y, mejor, dirigirla hacia lo que verdaderamente importa.

Hablar sin atacar

Cuando estés en ese momento de ira o miedo que te impulsa a atacar, interrúmpelo y dirígete hacia la dirección opuesta. No agredas ni te doblegues. Toma la decisión de hacer algo más. Enfrenta el alboroto y el caos del conflicto con la inteligencia y flexibilidad de tu corazón y tu mente intactas. En vez de atacar a la otra persona, señala lo que es importante para ti. En vez de defender tu postura, intenta ver lo que ha llevado a cada uno a la posición en la que se encuentran.

con ataque:

1 **Estás furioso porque tu hijo o hija adolescente no terminó una tarea que acordó hacer.**

> "¿Cuál es tu problema? ¿Cuántas veces debo decirte que limpies la cocina después de usarla? Me tienes harto, eres un holgazán y no tienes respeto por nadie".

2 **No estás de acuerdo con tus compañeros de trabajo respecto a sus prácticas de contratación.**

> "¡Solo contratan versiones miniatura de ustedes mismos! ¿No entienden que esta empresa necesita crecer? No tienen ni idea de lo que significa crear un buen equipo. ¡No se trata de escoger amigos de borrachera!".

3 **Tú y tus hermanos están en desacuerdo sobre cómo manejar la herencia de su padre luego de su muerte.**

> "No entiendo cómo pueden pensar en vender la casa. Tal vez no sea nada para ustedes, pero no estoy listo para tirar a la basura todo lo que papá trabajó durante tantos años. Obviamente ustedes no comprenden, pero la familia vale más que el dinero".

sin ataque:

"Estoy muy enojado y decepcionado porque no limpiaste la cocina después de usarla. Cuando acordemos algo, quiero que lo cumplas. Si hay un problema con eso, quiero que me lo digas".

"Creo que las habilidades y perspectivas de las personas que contratan son muy similares a las nuestras. Quiero que esta empresa crezca, y para ello necesitamos una gama más amplia de aptitudes e ideas".

"Extraño mucho a papá. Sinceramente, para mí es muy difícil pensar en que la casa desaparezca también. Sé que habría dificultades si decidimos no venderla, pero ¿estarían dispuestos a sentarse a hablar conmigo para ver si tenemos otra opción?".

una forma de
practicar

Intenta completar la siguiente oración cuando estés en modo de ataque.

Úsala también para eliminar el ataque de lo que quieres decir. Después, encuentra una forma natural para expresarlo.

Cuando *(el evento detonante)* ocurrió, me sentí *(mi emoción)* porque *(mi necesidad / interés)* es muy importante para mí.

¿Estarías dispuesto a *(solicitud de una acción que es posible hacer)*?

Si un ataque se
te escabulle
intenta
reformularlo.

Por ejemplo:

1 con ataque:

"Cuando [fuiste un holgazán, como siempre, y no
limpiaste **(es una evaluación de carácter, no una
descripción del evento)**], me sentí [con ganas de
castigarte por el resto del año **(es una estrategia, no un
sentimiento)**] porque [necesito que dejes de portarte
como un mocoso malcriado **(es una estrategia y
evaluación, no una necesidad)**]. ¿Estarías dispuesto a
[poner tu vida en orden y madurar **(solicitud imprecisa)**]?".

2 con ataque:

"Cuando [son irresponsables al contratar **(es una
evaluación de carácter, no una descripción
del evento)**] me siento [con ganas de gritar **(es
una estrategia, no un sentimiento)**], porque [necesito
que despierten y vean la situación **(es una estrategia
y una evaluación, no una necesidad)**. ¿Estarían
dispuestos a [dejar de comportarse como idiotas
egoístas y pensar en la empresa de una vez por todas
(es una evaluación y una solicitud imprecisa)]?".

3 con ataque:

"Cuando [veo que se preparan para tirar a la basura todo
lo que papá construyó **(es una suposición sobre una
intención, no una descripción del evento)**], siento
[que solo quieren el dinero **(es una suposición sobre
una intención, no un sentimiento)**] porque [no les
importa la familia como a mí **(es una evaluación
disfrazada de una necesidad)**]. ¿Estarían dispuestos
a [no pensar solo en ustedes **(solicitud imprecisa)**]?".

sin ataque

"Cuando [llegué a casa y vi la cocina sucia], me sentí [enojado y decepcionado] porque [es importante para mí que mantengamos nuestros acuerdos]. ¿Estarías dispuesto a [analizar esta situación conmigo y hablar sobre qué podemos hacer para que esto no siga pasando]?".

sin ataque

"Cuando [contratamos personas que tienen habilidades y puntos de vista similares a los que ya tenemos], me siento [frustrado] porque [quiero que esta compañía tenga la diversidad que necesita para crecer]. ¿Estarían dispuestos a [discutir lo que la empresa requiere y evaluar quién podría cubrir mejor esas necesidades]?".

sin ataque

"Cuando [pienso en que venderán la casa], me siento [muy triste] porque [quiero honrar lo que papá construyó en su vida y encontrar una forma de mantener una conexión con él]. ¿Estarían dispuestos a [considerar si, además de venderla, hay otras opciones que puedan funcionar para ustedes]?".

Para que el conflicto
se convierta en oportunidad,
debes estar dispuesto
a decir las cosas difíciles con
claridad. Evita el lenguaje del
ataque. Con frecuencia, el
conflicto destructivo parece
inevitable porque estamos
muy acostumbrados a
responder a él.

Sin embargo, nuestros hábitos

pueden cambiar.

la elección

ataca

informa

principio 3

antiprincipio

Provoca a la peor versión de la otra persona.

principio

Dirígete a la mejor versión de la otra persona.

El ataque y la defensa dan pie a más ataques y defensas, y como todos tendemos a subir o bajar al nivel en el que nos abordan, dirígete a la mejor versión de la otra persona.

Comunícate con esa versión que puede escuchar y hablar sobre lo que de verdad importa. Incluso si sospechas que la otra persona no está lista o tampoco quiere escuchar y hablar de buena forma, inténtalo de todos modos. Estar dispuesto a darle el beneficio de la duda a la gente puede darle un buen giro a la situación.

Por ejemplo:

"No quiero hablar de eso porque solo volverás a reaccionar de forma exagerada".

"Averigüemos cómo hablar de esto, pues es muy importante para mí".

dirígete a la mejor versión de la otra persona

Tú y

la otra persona

son los únicos que pueden crear un resultado beneficioso y duradero en un conflicto.

Los conflictos no se resuelven desde afuera. Tal vez podrían ayudar algunas intervenciones sabias, pero las secuelas y el curso de un problema dependen de la energía y las acciones de los involucrados. Asume que la otra persona tiene un lado capaz de avanzar contigo hacia una resolución positiva, y habla como si ese fuera el caso.

Por ejemplo:

1 cuando te diriges a la versión menos capaz:

"Bueno, como de todas formas nunca vas a cumplir los acuerdos, no creo que tenga sentido llegar a uno".

cuando te diriges a la mejor versión:

"Quiero asegurarme de que cualquier acuerdo al que lleguemos tenga sentido para ambos y así podamos cumplirlo".

2 cuando te diriges a la versión menos capaz:

"Eres muy controlador, es imposible trabajar contigo".

cuando te diriges a la mejor versión:

"Hablemos de cómo trabajar en este proyecto. Noto un desbalance en mi contra".

Nos guste o no, necesitamos del otro para poder desenredar el conflicto. Encuentra ese lado de la persona con el que sí puedes hablar. Si no lo logras, háblale de todas formas. Cuando te diriges a esa versión, es mucho más fácil que se anime a salir a la luz.

dirígete a la mejor versión de la otra persona

Reformula esta frase de tal modo que te dirijas a la mejor versión del otro:

"Ya ni siquiera trataré de mencionar ninguna situación porque eres incapaz de aceptar sugerencias".

► **Una reformulación posible:**

"Cuando tenga alguna
sugerencia sobre tu trabajo,
¿cuál sería la mejor forma
para decírtela?".

dirígete a la mejor versión de la otra persona

provoca un diálogo opuesto

provoca
un diálogo
útil

principio 4

antiprincipio

**Confunde
necesidades,
intereses y
estrategias.**

principio

**Distingue
necesidades,
intereses y
estrategias.**

estrategias

▼

intereses

▼

necesidades

Todos

tenemos las mismas necesidades básicas.

tenemos intereses diferentes que surgen de esas necesidades.

elegimos estrategias distintas para satisfacer esas necesidades e intereses.

Las necesidades, los intereses y las estrategias están conectados, pero no son lo mismo. Siempre hay distintas formas para satisfacer una necesidad o un interés, pero **una estrategia es la insistencia en un camino en particular.**

Durante los conflictos, frecuentemente podemos entender las necesidades e intereses de los demás, incluso si no estamos de acuerdo con sus estrategias. Comprender esto puede ayudarnos a encontrar soluciones.

Cada estrategia es un intento por satisfacer una necesidad o interés.

Estrategias

No debería prohibirse la posesión de rifles de asalto.

Conseguiré trabajo como profesor.

Comenzaré un club de lectura.

Seré aprendiz de un sastre.

Me mudaré a Bangladesh.

Se debe permitir el matrimonio entre parejas del mismo género.

Intereses	Necesidades
Quiero vivir en un vecindario seguro.	Seguridad
Quiero un trabajo gratificante.	Contribución
Quiero ser parte de un grupo de amigos.	Comunidad
Quiero recibir una buena educación.	Autonomía
Quiero nuevas experiencias.	Estimulación
Quiero casarme.	Intimidad

Los conflictos comienzan cuando las estrategias que queremos usar para satisfacer nuestras necesidades e intereses se oponen a las estrategias de los demás.

Mi tía Nancy, quien trabajó en un hospital como defensora de pacientes, me contó la historia de un conflicto que ocurrió entre la familia de un hombre nativo americano desahuciado y el personal del hospital.

Desde el nivel de las estrategias, el conflicto lucía así:

estrategia de la familia:

"Necesitamos hacer una fogata en la habitación del hospital".

estrategia del personal:

"No podemos permitir fogatas en el hospital".

Desde el nivel de las necesidades y los intereses lucía así:

interés de la familia:

"Queremos quemar algunas hierbas como parte de un ritual para ayudar a nuestro padre a llegar al siguiente mundo".

interés de la familia:

"Queremos resguardar la seguridad de todos en el edificio y no queremos que se active ninguna alarma contra incendios".

En un inicio, al ver la situación desde el nivel de las estrategias, la familia y el personal se encuentran en un punto muerto. Sin embargo, al considerarla desde el nivel de las necesidades y los intereses, es posible lograr un avance.

Una vez que las necesidades y los intereses de cada parte consiguieron aclararse, la familia y el personal acordaron encender una pequeña fogata en el lavamanos de la habitación. Esto permitió al personal proteger la seguridad del edificio y, a su vez, la familia pudo llevar a cabo el ritual para preparar a su padre para la muerte.

A veces nos apegamos tanto a una estrategia que pasamos por alto la necesidad o el interés que hay en el fondo. De esta manera terminamos peleando sobre estrategias y posturas en vez de observar el panorama y buscar maneras efectivas de satisfacer nuestras necesidades. Cuando esto ocurre, reducimos nuestras posibilidades porque no nos enfocamos en lo más importante.

Cuando las cosas comiencen a volverse confusas durante un conflicto, detente y piensa si lo estás abordando desde el nivel de las estrategias o desde el nivel de las necesidades e intereses.

Observa que existen diferentes modos para satisfacer la necesidad o el interés, pero insistir en la estrategia podría reducir las opciones considerablemente.

Ejemplos de estrategias disfrazadas de necesidades
o intereses:

1

Estrategia disfrazada de **necesidad:**

"Necesito que estés en casa a las ocho todas las
noches. Estás llegando muy tarde".

Interés real detrás de la estrategia:

"Quiero que tengas tiempo suficiente para dormir
y hacer tu tarea".

2

Estrategia disfrazada de **necesidad:**

"Necesito un arma. ¡Este vecindario es una locura!".

Necesidad real detrás de la estrategia:

"Necesito sentirme seguro".

3

Estrategia disfrazada de **necesidad:**

"Necesitamos alternar los días en que cocinamos".

Interés real detrás de la estrategia:

"Quiero tener horarios más flexibles".

Pero ¿qué pasa si no me importan las necesidades de la otra persona?

Es frecuente que durante un conflicto no nos interese hacer conexión con los demás y que se vuelva todavía más importante no perder el tiempo discutiendo estrategias. Para descubrir las necesidades e intereses no necesitas sentirte motivado a tener una conexión, solo debes querer encontrar una solución.

Resiste el impulso de seguir defendiendo tu estrategia o posición. En lugar de eso, ayuda al resto de los involucrados a tener una idea completa sobre lo que es importante para ti y averigua lo que es importante para ellos. Si durante un conflicto se nombran las necesidades y los intereses que motivan las estrategias, es mucho más probable encontrar una solución funcional para todos. Es más fácil que las personas consideren otras estrategias cuando reconocen lo que de verdad les importa.

una forma de
practicar

Recuerda alguna situación difícil que hayas presenciado.

▶ **Identifica las estrategias que tú y los demás usaron.** Después, intenta averiguar cuáles eran las necesidades y los intereses de fondo que esas estrategias buscaban satisfacer.

Por ejemplo:

"Necesito autonomía" es una **necesidad.**

"Quiero un transporte confiable" es un **interés.**

"Necesito un nuevo coche" es una **estrategia.** *(Un coche es una forma de transporte confiable que nos da autonomía).*

Puede ser que te tome un poco de tiempo aprender a diferenciar esto con fluidez.

No te rindas.

Una vez que te acostumbres un poco a mirar más allá de las estrategias, intenta mencionar tus necesidades o intereses cuando surja un conflicto. Haz lo mismo con los de la otra persona. A menudo somos incapaces de expresar lo que necesitamos o queremos, y puede ser útil hacer suposiciones o preguntar directamente.

Ten cuidado de no afirmar cuáles son las necesidades e intereses de los demás. Es muy probable que te equivoques y seguramente se pondrán furiosos.

En vez de eso, **haz una suposición** *en forma de pregunta*.

Usa un lenguaje simple como:

"Entonces, ¿qué es lo que más te importa de esta situación?".

¿Es...

la seguridad de familia?

encontrar un trabajo desafiante?

que se reconozcan tus contribuciones?

tener más autonomía / diversión / intimidad?

Hablar de necesidades e intereses **puede ser incómodo al principio, pero no te preocupes mucho por eso.**

A veces las personas no se sienten cómodas al discutir necesidades básicas. Hablar sobre intereses puede ser un modo más sencillo de empezar la conversación. Los intereses reflejan nuestras necesidades sin que debamos enfocarnos solo en las estrategias.

Incluso si te equivocas en tus suposiciones sobre los intereses y necesidades de la otra persona, hablar de ello cambiará el rumbo de la interacción. Aunque a menudo las personas no saben cómo enunciar lo que necesitan, generalmente pueden decirte si tus hipótesis son erróneas. Eso por sí mismo los acercará a entender lo que ocurre.

Por ejemplo:

1 **"¿Quieres renunciar porque necesitas más autonomía?".**

"No, quiero que me consideren más en el equipo, siento que de algún modo me han dejado fuera".

2 **"Entonces, ¿te gustaría poner una cerca entre nuestras propiedades porque quieres más privacidad?".**

"No, extrañaría eso porque me gusta hablar con los vecinos. Pero me siento nervioso por la noche, y una cerca me haría sentir más seguro".

3 **"Es obvio que tenemos ideas diferentes sobre cómo organizarnos con los niños por la mañana. ¿Qué es lo más importante para ti? ¿Quieres tener algo más rutinario?".**

"No, creo que solo quisiera no estar negociando siempre. Quizá sería mejor si nos alternamos los días. Así ambos podremos descansar y tomar decisiones por nuestra cuenta".

Es probable que te equivoques en tus suposiciones. Sin embargo, mientras tu intención sea descubrir lo que el otro está pensando, no habrá problema.

Las personas te dirán cuando tus suposiciones sean correctas y, si ven que de verdad las escuchas, es más probable que ellas te escuchen a ti.

la elección

confunde necesidades, intereses y estrategias

distingue necesidades, intereses y estrategias

principio 5

antiprincipio

Ignora tus emociones o exprésalas de forma destructiva.

principio

**Reconoce tus emociones.
Míralas como señales.**

Cuando mi sobrino
Magnus tenía
3 años, me contó
una historia sobre
conflictos
y emociones.

La historia se centraba en una taza naranja muy bonita
que había en su escuela. La habían entregado a otro
compañero a pesar de que él la quería. La escuela tenía
un dicho para ayudarlos a superar estos problemas:
"Recibes lo que recibes sin molestarte".

—Pero a veces —dijo Magnus, con el ceño bastante
fruncido— me molesto de todas formas.

Como Magnus lo dijo, las emociones no son opcionales. Pensar en un conflicto sin considerar las emociones involucradas frecuentemente produce resultados negativos. Por otro lado, las emociones no son el origen del conflicto, sino pistas de lo que nos importa. La intensidad de nuestros sentimientos permite que una emoción sea una señal precisa de si vamos por el camino correcto o no.

Sin embargo, dentro de las complejas capas de historia, creencia y lealtad que conforman un conflicto, la aparición de las emociones puede ser desconcertante. Necesitamos entender lo que hay detrás de ellas para que nos ayuden a progresar.

permite que
las emociones
expandan tu
visión

En vez de solo enfocarte en las emociones y dejar que influyan en tus acciones, úsalas para examinar el conflicto en el que te encuentras y descifrar qué lo impulsa.

Reconoce tus emociones

Cuando estés en medio de una emoción fuerte, como la ira, intenta reconocer lo que sientes y luego mira lo que hay detrás. Respira profundo mientras reflexionas en ello y, al exhalar, pregúntate lo siguiente:

"¿Por qué me siento así? ¿Qué es lo que necesito?".

No se trata de recibir siempre lo que necesitamos. El punto es que, si durante un conflicto hay una emoción fuerte, esta puede impedirnos ver lo que nos importa, o bien, ayudarnos a llegar al meollo del asunto. El reto es tomar las emociones con seriedad, sin que nos aplasten con su poder.

Deja que las emociones te dirijan hacia un cambio positivo manteniéndolas conectadas a aquello que te importa. Dile a la otra persona cómo te sientes, pero sin encerrarte en ello. Así, él o ella podrá entender lo que te ocurre y juntos buscarán una solución.

Por ejemplo:

en vez de:

"¡Ay, por dios! ¡No puedo creer que otra vez lo arruinaste, idiota! ¿Cuál es tu maldito problema? No sé cómo lograste trabajar aquí".

intenta algo como:

"¡No puedo creerlo! ¡Estoy furioso porque no cumpliste lo que prometiste! Trabajé mucho en este proyecto y necesito este empleo. ¿Qué está ocurriendo?".

en vez de:

"Son el peor hospital con el que he tratado. Nadie me dice nada, pero cuando lo hacen son groseros e inútiles. No sirve de nada preguntar algo porque nunca me responden".

intenta algo como:

"Estoy molesto por cómo me han tratado. Me frustra la falta de comunicación del personal y estoy preocupado por mi mamá. Quiero hablar con alguien que pueda darme respuestas. ¿Quién puede ayudarme?".

Reconoce las emociones de los demás

En una situación tensa, es muy fácil evitar hablar de nuestras emociones. Parecería que su presencia es obvia y no hace falta mencionarlas o bien, que prestarles atención volverá más difícil la conversación.

Incluso en estas instancias, evita descartar las emociones de los demás con comentarios como:

"Ash, madura".

o

"Eso es ridículo.
No hay motivo para
que te sientas así".

o

"Deja de quejarte.
Te va a encantar".

Este tipo de respuestas a los sentimientos ajenos suele provocar que las personas le den aún más vueltas a sus emociones, pues continúan sin entenderlas. Estas son parte de nuestra respuesta racional a una situación. Sé consciente de lo que están sintiendo los demás y pregunta qué hay detrás.

Por ejemplo:

en vez de:

"Vamos, ya supéralo. No es tan importante. Eres demasiado sensible".

intenta algo como:

"Parece que esto te hace sentir muy triste. ¿Qué es lo más difícil de la situación?".

en vez de:

"¿Podrías tranquilizarte? Actúas como un demente".

intenta algo como:

"Creo que estás furioso. ¿Qué es lo más importante para ti en este momento?".

También puedes mostrar tus propias respuestas emocionales a la otra persona para encontrar un mutuo entendimiento.

Por ejemplo:

"Ah, ¿ahora estás molesto? ¡Por favor! Si alguien debe enojarse soy yo. Ni siquiera quiero escucharte".

"De acuerdo, tú sientes ira y yo decepción. ¿Qué ocurrió? ¿Para ti, qué está sucediendo?".

Deja que la otra persona responda y luego comparte tu experiencia, diciendo algo como:

"Muy bien. Pues para mí, lo que sucede es...".

Permite que la otra persona te dé información.
Como los sentimientos casi siempre son más obvios que
las necesidades, deja que las emociones de la otra persona
te guíen para entender la situación. Si no comprendes las
necesidades que hay detrás de las emociones, arriésgate
a hacer suposiciones. Haz una pregunta que mencione las
emociones del otro y que, a la vez, averigüe sus
necesidades e intereses.

Si la persona nota que hay sinceridad en tu intento por
comprenderlo, eso puede ayudar a que el conflicto avance
en una dirección positiva.

Por ejemplo:

en vez de:

"No seas tan dramático. Si no te agrada mi novio, vete a tu cuarto. Él no busca ser tu papá".

intenta algo como:

"De acuerdo, creo que estás muy enojado por esto. ¿Qué es lo que más te molesta respecto a que mi novio pase tiempo conmigo?".

en vez de:

"¿Por qué estás tan enojada? ¿Ahora qué hice mal?".

intenta algo como:

"Luces frustrada. ¿Es porque esperabas que hiciera algo de forma diferente?".

en vez de:

"Mira, no sé cuál es tu problema, pero necesitas calmarte y terminar el trabajo".

intenta algo como:

"Parece que se te dificulta estar en este proyecto. ¿O me equivoco?".

una forma de
practicar

Intenta reformular la respuesta para que puedas reconocer las emociones del otro.

declaración

"Ya nunca hacemos nada divertido. Siempre estás trabajando. Siento que nunca te veo".

respuesta

"No puedo creer que te quejes de mi trabajo. No podemos vivir sin dinero".

▶ **Una reformulación posible:**

"¿Extrañas que tengamos tiempo solo para nosotros y divertirnos? Yo también".

la elección

mira las emociones como obstáculos

mira las emociones como un apoyo

principio 6

Asume que reconocer implica un acuerdo.

No reconozcas.

principio

Diferencia entre reconocimiento y acuerdo.

**A las personas
les es más fácil
escuchar y superar
la situación si
sienten que les
prestan atención.**

Puedes entender la posición o la forma de pensar de
alguien incluso si no concuerdas con ella. Primero
hazle saber que lo escuchas con atención. Luego puedes
comenzar un diálogo.

Aquí hay algunos ejemplos de entendimiento simple:

1 **declaración**

"No creo que debamos aceptar el departamento, no podemos pagar la renta".

respuesta

sin reconocimiento:

"Estaremos bien, deja de preocuparte por todo".

con reconocimiento:

"Entonces, ¿crees que es demasiado caro para nosotros por ahora?".

2 **declaración**

"No quiero que esos niños se paseen por mi propiedad".

respuesta

sin reconocimiento:

"¿Cuál es tu problema? ¿No te agradan los niños? No le hacen daño a nadie, solo es el patio".

con reconocimiento:

"De acuerdo, no te gusta cuando los niños pasan por el patio. ¿Es por algo que hacen o solo no los quieres aquí?".

El reconocimiento significa hacerle saber a los demás que escuchas su posición, sin aprobarla o desaprobarla. Entre más simple sea la forma como lo expreses, es menos probable que te enredes en conflictos secundarios inútiles. Enfócate solo en la posición y no le hagas caso a los ataques.

Por ejemplo:

declaración

"La energía nuclear es segura. No seas alarmista".

respuesta

sin reconocimiento:

"¿Alarmista? Estás loco si crees que la energía nuclear es la mejor opción para el país".

con reconocimiento:

"Parece que la energía nuclear tiene sentido para ti como fuente de energía para el país".

Reconocer los puntos de vista en un conflicto puede ser un modo de hacer a un lado las posturas rígidas. Usa el lugar del otro como punto de partida para poder llegar al entendimiento. Para ello, pregúntale por qué es tan importante mantenerla. Reúne información para comenzar a imaginar una buena resolución.

Por ejemplo:

declaración

"Deberían prohibirles la entrada a los senderos boscosos a los conductores de cuatrimotos. Son unos delincuentes".

respuesta

sin reconocimiento:

"Es un espacio público y no debería estar controlado por un montón fanáticos ecologistas. Los conductores de cuatrimotos también deberían poder usarlo".

con reconocimiento:

Así que no quieres que esos vehículos pasen por ahí. ¿Qué es lo que más te preocupa de que circulen por el bosque?

Diferenciar entre reconocimiento y acuerdo es una forma efectiva de desenredar las opiniones ajenas de nuestras respuestas.

Por ejemplo:

Reconocimiento sin acuerdo:

1 "Parece que te preocupan mucho tus hijos y te sentirías más cómodo si los guardias de la escuela llevaran armas".

2 "Bien, entonces, ¿estás cansado de que los desechos de mi árbol caigan en tu jardín y crees que talarlo sería una buena opción?".

3 "Así que, según parece, ¿crees que las nalgadas son una manera sensata de disciplinar a los niños?".

Puede parecer que el entendimiento es innecesario, pues debería ser obvio para los demás que los escuchamos. Pero en un conflicto es frecuente que las personas repitan una y otra vez sus posturas porque, de hecho, no sienten que las escucharon. Antes de dar tu propia opinión, hazle saber al otro que en verdad oíste lo que dijo. Así dejará de repetirlo y ambos comenzarán a involucrarse en un diálogo productivo.

una forma de
practicar

Piensa en este enunciado y comprende la postura sin estar de acuerdo.

"No quiero que ningún homosexual se acerque a mi hijo. No deberían ser maestros ni clérigos".

▶ **Un posible reconocimiento:**

"Luces incómodo cuando
ves que tus hijos están en
contacto con *gays*,
en especial durante las
clases. ¿Me equivoco?
¿Qué te preocupa?".

la elección

ignora o reprime ideas que entren en conflicto con las tuyas

**reconoce ideas
que entren
en conflicto con
las tuyas**

principio

7

antiprincipio

**Haz sugerencias
en vez de escuchar.**

principio

**Cuando escuches,
evita hacer sugerencias.**

Al estar en medio de un conflicto, resiste el impulso de sugerir lo que la otra persona debe hacer, en especial cuando las emociones están a flor de piel.

En lugar de eso, escucha.

A veces las sugerencias son solo eso y también son útiles. Pero cuando las personas se encuentran en un punto en el que no se sienten escuchadas y oyen una sugerencia, podrían interpretarlo como si las estuvieran ignorando, interrumpiendo en su explicación o como desconfianza en su habilidad para resolver problemas.

Antes de hacer una sugerencia, **reflexiona qué te motiva** a hacerla.

Incluso si tenemos las mejores intenciones, hacer sugerencias durante un conflicto en ocasiones resulta inútil e incluso perjudicial. Puede ser una manera de ignorar, o de intentar manipular o "arreglar" a la otra persona. También es posible verlo como un modo de devaluar las necesidades de los demás.

En vez de intentar arreglar o aconsejar al otro, formula preguntas para ayudarlo a desarrollar su historia.

Por ejemplo:

declaración

> "Todo este asunto es demasiado estresante, y es imposible hablar contigo al respecto. Siempre huyes".

respuesta

ofreciendo sugerencias sin escuchar:

1   "Mira, si tan solo renunciaras a ese estúpido trabajo, no habría problema".

2   "¿Por qué no sales de casa al menos una vez? Deja de andar por ahí quejándote".

3   "No es mi problema, ¿de acuerdo? Debes poner tu vida en orden. Quizá necesitas terapia".

escuchando sin hacer sugerencias:

1   "Bien, ¿de qué te gustaría hablar?".

2   "¿Qué parte de esto es lo que más te estresa?".

Practica

escuchar.

una forma de
practicar

Piensa en este escenario:

A tu pareja le ofrecieron dos nuevas oportunidades: un ascenso en su empresa actual o un trabajo en otra ciudad. Quiere aceptar el trabajo en la otra ciudad y que tú también te mudes. Esto significaría dejar tu empleo y a tus padres, quienes viven cerca. Tu pareja dice que te ha apoyado y ahora necesita que tú lo hagas.

Intenta formular algunas preguntas que ayuden a tu pareja a desarrollar su historia y ti a entender su postura. Evita hacer sugerencias.

Algunas preguntas posibles:

"Creo que de verdad quieres un cambio. Dime más sobre la oferta en la otra ciudad, ¿por qué es tan interesante para ti?"

o

"Parece que has estado dispuesto a vivir aquí los últimos años para apoyarme, pero esto no te ha permitido hacer lo que quieres laboralmente hablando, ¿no es así?".

la elección

haz sugerencias sin escuchar

escucha sin hacer sugerencias

antiprincipio

Juzga a los demás, evalúa y haz observaciones.

principio

**Distingue entre
evaluación
y observación.**

Las observaciones
ayudan a aclarar
los conflictos.

Las evaluaciones contribuyen a que los demás se pongan a la defensiva y ocultan la información importante en las discusiones. Mantén a las personas del conflicto (tanto tú como el resto) separadas del problema.

Enfócate en aclarar la situación.

Por ejemplo:

1

evaluación:

"Siempre llegas tarde".

observación:

"Llegaste tarde a nuestras últimas tres reuniones".

2

evaluación:

"Eres un irresponsable. No puedo confiar en ti".

observación:

"Acordamos que llegarías a casa a las diez, y ya son las 11".

3

evaluación:

"Esta empresa tiene políticas sexistas".

observación:

"Solo hay dos mujeres en las gerencias de esta empresa".

4

evaluación:

"Eres un cretino".

observación:

"Me interrumpiste todas las veces que intenté hablar".

Evita decirle a los demás lo que "son".

Mejor, describe cómo te afectan sus acciones.

distingue entre evaluación y observación

Resiste el impulso de evaluar las intenciones o el carácter de los demás. Incluso si crees que son válidos, este tipo de comentarios aumentan la tensión y no aportan nada al entendimiento.

Mejor describe lo que has experimentado y observado. Encuentra un modo de expresar por qué te alteraste. Quítale energía a tu ira y redirígela a describir con precisión cómo y por qué te afectaron las acciones de la otra persona.

Al no restringir al otro con acusaciones, culpas o etiquetas, dejas espacio para que ambos construyan una mentalidad que encuentre soluciones en vez de una de ataque o defensa.

Por ejemplo:

1

evaluación:

"Eres una desgraciada. Siempre intentas menospreciarme".

observación y experiencia:

"Esta mañana llegaste y me gritaste en frente de todos. Odio eso. Si hay un problema, házmelo saber en privado".

2

evaluación:

"No sabrías qué es ética laboral aunque te mordiera el trasero. Tienes suerte de estar aquí, pero obviamente no lo entiendes".

observación y experiencia:

"De los cinco proyectos que acordaste hacer, solo uno está terminado. Me arriesgué al contratarte. Esto no es lo que esperaba".

3

evaluación:

"No sé por qué confié en ti en primer lugar. Eres un completo irresponsable. Olvídate de salir mañana por la noche".

observación y experiencia:

"Estaba preocupado porque no llegaste a casa a tiempo. Además, me molestó que no cumplieras tu parte del trato".

una forma de
practicar

Intenta enunciar solo observaciones
y experiencias.

"Obviamente eres demasiado egoísta
para notarlo, pero hay otras personas
en este edificio que tienen que
trabajar y no les interesa escuchar tu
música a todo volumen día y noche".

► **Una reformulación posible:**

"Tengo que levantarme a las 5 a. m. para trabajar. Todas las noches de esta semana hubo música en tu departamento hasta la 1 a. m. y eso me mantuvo despierto. Estoy demasiado cansado por no dormir. Me gustaría llegar a un acuerdo contigo sobre las horas en que escuchas música".

la elección

sugiere
una evaluación

sugiere observaciones y experiencias

principio 9

antiprincipio

**Hazle caso a tus
suposiciones
y no las compruebes.**

principio

Cuestiona tus suposiciones.

Abandónalas si están equivocadas.

"De este modo,
la conciencia
despierta está
soñando,
pero soñando
preocupada por la
realidad externa".

Oliver Sacks, *Un
antropólogo en
Marte*

Las hijas de mi primo se sentaron muy juntas para escucharme leer una historia sobre hadas. La trama dio un giro que nunca anticipamos: las hadas se llevaban a los niños mentirosos y los ahogaban en un pantano.

—¿Eso es verdad? —preguntó Emily, frunciendo el ceño—. Espero que no.

Vivimos de historias. Prosperamos, fallamos, creamos, nos adaptamos y conectamos a través de la capacidad de nuestras mentes de sintetizar piezas sueltas de información en un todo coherente. Pero como Emily señala, algunas historias no son reales, y otras que quisiéramos que no fueran ciertas, lo son. No sabemos cuál es cuál hasta investigarlo. Sin embargo, durante los conflictos, solemos no investigar y comenzamos a asumir. Así, las historias que nos decimos a nosotros mismos se construyen sobre información estática y unilateral.

Con frecuencia asumimos que entendemos los sentimientos, las intenciones y el carácter de la otra persona. Es común que actuemos basándonos en nuestras suposiciones y por lo general fortalecemos nuestras suposiciones al escuchar de manera selectiva, enfocándonos solo en la información que respalda nuestras creencias.

Sin embargo, muy a menudo

nuestras suposiciones están equivocadas.

Confiar en nuestras suposiciones suele disminuir nuestro entendimiento y no nos permite ver formas productivas de avanzar. En vez de eso, intenta algo más. Reflexiona sobre tus suposiciones y cómo estas construyen las respuestas que das a la otra persona. Evita confusiones y sufrimientos innecesarios, no confíes en ellas, mejor ponlas a prueba.

Averigua qué ocurre en realidad.

Si descubres que tus suposiciones son falsas, déjalas ir.

Haz preguntas simples como:

1 "Parece que te sientes incómodo contratando a una mujer para este cargo. ¿Es correcto?".

2 "Supongo que tu principal objetivo es hacer las reparaciones con el menor costo. ¿O me equivoco?".

3 "Asumo que no quieres discutir esto porque no estás de acuerdo conmigo, ¿ese es el caso?".

una forma de
practicar

Reformula como una pregunta que
compruebe tus suposiciones:

"Obviamente piensas que este proyecto
es una pérdida de tiempo y estás
determinado a sabotearlo".

► **Una reformulación posible:**

"Creo que piensas que no
vale la pena trabajar en
este proyecto.
¿Verdad?".

la elección

asume que tienes la razón

cuestiona
tus suposiciones

cambia tu

conversación

Una vez, en verano, intenté mover un montón de raíces de árboles enredadas con tierra que habían llegado hasta un sendero en el bosque que yo recorría. En el proceso, descubrí dos cosas. Primero, cortar aquellas que sobresalían de la tierra no hacía que el montón se enredara menos. Segundo, intentar sacar el árbol de la tierra a jalones sin entender lo que jalaba y a qué estaba enraizado era una pérdida total de energía y esfuerzo. Al final, luego de demostrarme que ese método era inútil, paré.

Comencé a ver el montón de forma diferente.
Me di cuenta de que las ramas y raíces que
sobresalían de la tierra llevaban a un nudo que no
podía ver. Al seguirlas hacia la tierra en vez de excavar
entre los cientos de kilos de tierra por encima, pude
alcanzar el centro del nudo con mayor facilidad.
Descubrí que las ramas y las raíces se mantenían junto
al montículo. Una vez que las desaté, las raíces se
movieron con relativa facilidad.

Por lo general, el mecanismo enredado de los
conflictos también está oculto. Por ello, puede ser
tentador querer deshacerte de las señales visibles y
pretender que nada ocurre, o bien, forzar tus propias
estrategias sin entender la verdadera forma de la
situación. Sin embargo, estas tácticas combinadas con
la ignorancia suelen producir enojo o hacer que el
conflicto escale, y no permiten descubrir las razones
de origen.

En vez de querer cerrarnos y salirnos con la nuestra
o probar que la otra persona se equivoca, podríamos
iluminar el enredo bajo la tierra cambiando nuestra
postura mental, pasando de la certeza a la
investigación. Si examinamos a detalle aquello que
parece más difícil, al final descubriremos cómo
funcionan las tensiones que mantienen activa la
situación.

principio

10

antiprincipio

Mantén una postura rígida.

No intentes comprender otros puntos de vista.

principio

**Explota
tu curiosidad incluso
en situaciones muy
complicadas.**

Ser curioso en
situaciones difíciles
es una destreza.
Requiere de práctica.
La curiosidad es,
en momentos de ira
o miedo, la habilidad
de seguir
preguntando:

**"¿Qué está sucediendo en realidad?
¿Qué es lo que todavía no entiendo?".**

La curiosidad fuerte y persistente es transformadora. Nos permite ver las posibilidades desde el interior del conflicto. Sin embargo, en situaciones de tensión, dejamos de ser curiosos como primer impulso. Cuando esto ocurre, ya no entendemos a los demás. Estamos más dispuestos a herirlos y somos menos capaces de vernos en una relación con ellos. En diversos grados, comenzamos a deshumanizarlos y nos alejamos.

Sin embargo, podemos adoptar una mente curiosa, persistente e inteligente en situaciones y personas, incluso si no nos sentimos con la disposición de hacerlo. Esto no significa que debas ponerte en una situación de riesgo o pretender cercanía donde no la hay. "Desarrollar la curiosidad en situaciones difíciles" nos invita a conocer el panorama de un conflicto tanto como sea posible, y no solo aquello que nos parece evidente. También a identificar lo que hace falta para poder sentirnos verdaderamente presentes cuando algo nos desagrada, asusta o no estamos de acuerdo con ello, y aun así tener la capacidad de escuchar lo que desconocemos.

Por ejemplo:

Sin curiosidad:

1 Solo quiero que él se calle y ya.

2 Son unos idiotas, no les importa
lo que le pase al país.

3 Cuando ella se vaya, todo estará bien.

4 Hablar con él es una pérdida de tiempo,
es imposible.

5 ¿Cuál es su problema?
¿Cómo pudo hacerme eso?

6 Ella / él tiene que (llena este espacio con la situación
que desees).

Con curiosidad:

1 ¿Qué es lo que en realidad intenta decir?

2 ¿Qué es importante para ellos y por qué?
¿De qué forma tiene sentido para ellos?

3 ¿Qué es lo que no puedo notar sobre esta situación?
¿Qué decisiones puedo tomar?

4 ¿Cuál es el principal obstáculo en nuestra conversación
justo ahora? ¿Por qué está ahí?

5 ¿Qué la llevó a actuar así?
¿Qué necesitaba?

6 ¿Qué puedo hacer de manera diferente?

una forma de
practicar

Piensa en un conflicto que tengas en casa, en el trabajo o en tu vida.

Elige el que te saca de tus casillas.

Comienza poco a poco y, conforme pienses en ello, nota cómo y cuándo empiezas a perder la curiosidad respecto a la otra persona.

Observa la forma en que te cierras: lo que le ocurre a tu cuerpo, tus pensamientos y tus emociones. En lugar de alejar esas reacciones, conócelas. Inhala mientras las aceptas y, cada vez que exhales, imagina que el espacio a tu alrededor se relaja.

Para hacer que tu curiosidad regrese, pregúntate lo siguiente:

1 *¿Cómo es que los pensamientos de esta persona tienen sentido para ella?*

2 *¿Qué la llevó a actuar así?*

3 *En el fondo, ¿qué es lo que esta persona quiere o necesita?*

4 *¿Estoy contribuyendo a que la situación se complique?*

5 *¿Qué debe cambiar para que exista un diálogo útil?*

Presta atención cuando sientas tentación por responder algo como: "Porque es un(a) idiota". Resiste el impulso. En vez de eso, inhala, exhala y elige tener una mentalidad curiosa.

la elección

abandona
tu mente curiosa

fortalece
tu mente curiosa

principio 11

antiprincipio

Da por hecho que los diálogos útiles son imposibles.

principio

**Da por hecho que
los diálogos útiles
existen.**

Somos capaces de entablar un diálogo útil hasta en las peores situaciones.

Incluso, luego de cometer incontables errores, podemos desarrollar la habilidad de corregirnos y escoger el mejor camino para llegar a donde queremos ir. "Da por hecho que los diálogos útiles existen" no es una exhortación a ignorar la realidad y preferir las ilusiones. En realidad es una invitación a cuestionar la rigidez de nuestras creencias y el alcance de nuestro entendimiento.

Reflexiona sobre aquello que bloquea el diálogo útil durante un conflicto. De acuerdo con las personas involucradas y a sus necesidades, piensa en los cambios concretos que podrían facilitar el diálogo.

Cuando parezca
que el avance
se detiene, piensa
en los pasos que
podrías seguir
para tener
un diálogo útil.

Obstáculo: **roles poco claros**

Pasos a seguir: **establece las decisiones que deben tomarse y quién es responsable de hacerlo.**

Aclara los roles para guiar mejor el diálogo. Define quién es responsable de tomar ciertas decisiones. Si eres tú quien debe tomar una decisión, sé responsable y hazlo. No culpes a la otra persona por prolongar la incertidumbre. Si no eres tú quien debe tomarla, déjala en las manos del responsable. Sé claro con tu reacción a sus decisiones en vez de intentar tener el control. Si sientes que los roles deberían cambiar, hazlo un tema explícito.

Por ejemplo:

Si un amigo lleva varios meses viviendo contigo, puedes pedirle que comience a pagar parte de la renta, pero es decisión de tu amigo hacerlo o no. Tu decisión es cómo responderás a eso. Es importante reconocer la responsabilidad y el derecho de cada persona. Reconocer que cada persona debe tomar sus propias decisiones es un gesto de respeto que puede aclarar y mejorar las situaciones complicadas.

da por hecho que los diálogos útiles existen

Obstáculo: **personas que no ceden**

Pasos a seguir: **cambia la conversación de estrategias a necesidades.**

Si te estancaste, cambia el enfoque hacia las necesidades. Da un paso atrás y asegúrate de entender qué es lo importante para la otra persona. Asegúrate también de dejar claros tus intereses. Si descubres que te aferras mucho a una postura o estrategia en particular, suéltala por un momento y cambia tu enfoque por uno de investigación. Las posturas tienden a volverse rígidas bajo la inspección, mientras que las conversaciones sobre los intereses ayudan a crear movimiento.

Intenta preguntar algo como:

"¿Puedes contarnos un poco más sobre lo que
te inquieta de construir un centro para el tratamiento
de adicciones dentro de nuestro vecindario?".

o

"Parece que de verdad estás en desacuerdo con que mi
nueva pareja pase la noche en casa cuando tengo a
los niños. ¿Qué es lo que más te preocupa?".

Obstáculo: **creencias conflictivas**

Pasos a seguir: **abrir un diálogo más amplio.**

Cuando los conflictos ocurran en una atmósfera de creencias muy arraigadas, aleja la conversación de ahí. Mejor, expándela y pregunta sobre las experiencias de las personas y cómo es que eso ha construido sus creencias.

Por ejemplo:

1 "Hablar sobre el tipo de educación que queremos para nuestros hijos genera muchísimas cuestiones. En el fondo, ¿para ti qué es lo más importante?".

2 "Parece que dividir el terreno para crear más rentas te preocupa porque sientes que afectará al vecindario. ¿Podrías decirnos cómo tu experiencia personal ha contribuido en tu forma de pensar?".

3 "Entonces, tenemos ideas diferentes sobre cuánto deberíamos ahorrar para el futuro. ¿Cuáles crees que deberían ser nuestras prioridades en el tema financiero?".

Obstáculo: **identidad grupal definida por el conflicto**

Pasos a seguir: **diferencia las lealtades del conflicto. Alienta la curiosidad.**

A veces los conflictos permanecen porque son parte de la identidad de un grupo. Los grupos forman límites entre "ellos" y "nosotros". Existe la preocupación de que las personas interpreten el avance hacia una resolución como una traición, sobre todo en los conflictos de larga duración.

Formas de incentivar un avance positivo:

De ser posible, habla abiertamente sobre el problema. Discute los potenciales resultados nocivos por no estar dispuesto a dialogar. Reconoce también los lazos importantes dentro de cada grupo y diferencia los lazos del conflicto.

Intenta algo como esto:

"Este es un problema importante para nosotros. De cierta forma, nos define como grupo. Para algunos de nosotros, dialogar con la otra parte puede sentirse como una traición. Entiendo el deseo de mantenernos fuertes en nuestras metas. Al mismo tiempo, necesitamos estar dispuestos a hablar con los otros si queremos hallar una solución. No dialogar podría perjudicarnos a largo plazo. Quiero asegurarme de que las personas del otro lado entienden por qué tenemos esta postura ante la situación. También me gustaría entender mejor lo que ellos piensan y por qué lo hacen.

"¿Cómo suena eso? ¿Qué podemos hacer para que el diálogo sea posible?".

Obstáculo: **amenaza de desprestigio**

Pasos a seguir: **crea un ambiente que permita el cambio de dirección.**

Por lo general, las personas necesitan estar seguras de que las seguiremos respetando y creyendo en ellas incluso si cambian de dirección o se alejan de su postura. Enfócate en encontrar un camino con el que nadie se sienta avergonzado o con una necesidad latente de empatar el marcador. Evita los ataques personales.

Para ayudar a crear una atmósfera donde las personas se sientan libres de soltar una estrategia y buscar otras, enfócate en las características de la estrategia que estén discutiendo (lo que permite o evita) en vez de verla como un todo. Asegúrate de que la otra persona sepa que entiendes las razones de su interés en esta. Menciona esos intereses como información válida e importante para encontrar una solución funcional.

Por ejemplo:

declaración

"Si no tengo un asistente, es imposible que pueda atender a todos los nuevos clientes".

sin mantener el prestigio:

"Ah, ¿quieres un asistente? Sí, claro, fórmate en la fila. ¿Crees que eres la única persona aquí con demasiado trabajo? Te diré cuando tengamos dinero para malgastar".

respuesta

manteniendo el prestigio:

"Es cierto, pasar tiempo con los nuevos clientes es una prioridad. ¿De qué otro modo podrías hacerlo sin contratar a un nuevo asistente? No tenemos el presupuesto para eso".

Obstáculo: **desconfianza latente**

Pasos a seguir: **crear reafirmaciones que se puedan verificar dentro del acuerdo.**

Si existe mucha desconfianza entre los involucrados, habla explícitamente sobre cómo incorporar garantías que puedan verificar dentro de cualquier acuerdo.

En una situación más formal, intenta algo como:
"Parece que todos queremos asegurarnos de que lo que hoy acordemos se respetará. Vamos a escribir todo lo que nos preocupa y establezcamos algunas garantías dentro del acuerdo".

En una situación más personal, intenta algo como:
"Creo que piensas que lo que acordamos no ocurrirá. ¿Estoy en lo correcto? Hablemos de lo que aún no queda claro y sobre qué podemos hacer para que los dos sintamos seguridad".

una forma de
practicar

Piensa cuáles son los elementos
necesarios para un diálogo útil.

Pregúntate lo siguiente:

1 *"¿Estoy dispuesto a entablar un diálogo útil? ¿Y la otra persona?".*

2 *"De no ser así, ¿qué necesito cambiar para que ambos estemos dispuestos a hacerlo?".*

3 *"¿Qué nos dificulta hablar de manera productiva?".*

4 *"¿Qué cambios concretos facilitarían un diálogo útil?".*

Evita las respuestas que involucren un cambio en la personalidad de los demás.

la elección

jamás busques un diálogo que funcione

**busca la posibilidad
de un diálogo
que funcione**

principio 12

antiprincipio

**Niega lo que has
aportado al problema.
Empeora las cosas.**

principio

**Si estás
empeorando las
cosas, detente.**

Una oración budista dice: "El asco es el pie de la meditación", y quiere decir que sentirnos hartos de nuestros hábitos inútiles será lo que al final nos ayudará a cambiar.

Hacer esto durante un conflicto requiere de un gran esfuerzo. Pero no debemos cansarnos de cómo han sido las cosas, sino tomar la decisión de cambiar y prepararnos para actuar conforme esa decisión.

A veces nuestra reacción a los conflictos está tan arraigada que parece imposible cambiarla. Sin embargo, el modo en que los abordamos y nos involucramos no es una parte fundamental de nuestro carácter, sino un comportamiento aprendido. Podemos cambiar.

Piensa lo que quieres lograr durante un conflicto: ¿cuáles son tus necesidades e intereses subyacentes? Pregúntate si tus acciones se alinean a tus metas. De no ser así, emprende acciones distintas.

Por ejemplo:

Una madre y su hijo adolescente discuten mientras él se prepara para ir a la escuela. Compara las declaraciones y las acciones de la madre con su meta principal:

Meta principal de la madre:
Una rutina matutina para comenzar el día de manera relajada y que permita a todos llegar a tiempo a su destino.

Sus declaraciones y acciones:
"¿Podrías pararte ya? ¡Deja de actuar como si tuvieras 5 años! Estoy harta, ¡me estás volviendo loca!" (atacando y culpando).

Resultado probable:
Ahora el conflicto es peor. El hijo está molesto y a la defensiva, y se lanza al contraataque. No han encontrado una solución y la probabilidad de salir a tiempo disminuye.

A veces nuestras acciones poco útiles nos satisfacen temporalmente, por lo que puede ser todavía más difícil abandonarlas. Intenta identificarlas y elige alternativas de manera consciente. Revisa la lista de antiprincipios al inicio de este libro. Si tus acciones se alinean con cualquiera de ellos, retrocede y cambia de dirección.

En esta discusión, una vez que la madre detecta que durante sus acciones culpa y ataca, puede cambiar la conversación al modificar conscientemente su enfoque. Puede dejar de atacar y culpar y mejor preguntar, escuchar y mencionar necesidades. Buscar otras opciones.

Por ejemplo:

"Creo que te cuesta trabajo levantarte para ir a la escuela, ¿verdad? Veamos cómo hacerlo más fácil. Quiero que tus mañanas comiencen bien. ¿Qué es lo difícil de levantarte? ¿Qué cosas podríamos cambiar para ayudarte? ¿Qué puedo hacer? ¿Qué puedes hacer tú?".

Podemos cambiar nuestras acciones en un conflicto. Esto puede parecer un esfuerzo abrumador, pero es posible hacerlo poco a poco. El proceso para cambiar hábitos no es algo único, sino una serie de decisiones cotidianas cuando elegimos cómo escuchamos al mundo y cómo lo abordamos. Podemos decidir una y otra vez dejar de hacer una cosa y comenzar otra.

si estás empeorando las cosas, detente

Podemos cambiar

lo que hacemos.

una forma de
practicar

Reflexiona sobre lo que haces y lo que no haces durante un conflicto.

Pregúntate lo siguiente:

1 *"¿Estoy evitando un diálogo constructivo o haciendo que el conflicto crezca de forma destructiva?".*

2 *"¿Estoy saboteando un acuerdo potencialmente valioso?".*

3 *"¿Estoy evitando conversaciones difíciles pero importantes, o creando división en vez de conexión?".*

4 *"¿Mis acciones están alineadas con mi meta?".*

la elección

vive el conflicto destructivamente

vive el conflicto de forma constructiva

antiprincipio

Culpa a alguien más.

Evita entender la situación.

principio

**Averigua lo que ocurre,
no quién tiene la culpa.**

Repartir culpas y reconocer cómo cada persona ha contribuido al problema son dos cosas diferentes.

La acción de culpar esconde el mecanismo del conflicto y mantiene nuestra atención en el pasado. Nos distrae de averiguar lo que ocurrió y por qué ocurrió. Además, hace mucho más complicado hablar constructivamente sobre situaciones difíciles.

Sin embargo, localizar qué ha aportado cada quien ilumina la mecánica del conflicto, pues dirige nuestra atención hacia el futuro y hacia soluciones funcionales. Esto puede lograrse incluso con personas que prefieren la confrontación.

Por ejemplo:

Versión simplificada de una conversación llena de culpas:

declaración

"La reunión fue un desastre y es tu culpa. Nunca puedes mantener la boca cerrada".

respuesta

"¿O sea que solo tú debes hablar? El problema es que no sabes organizar una reunión".

declaración

"¡Haces que llevar una reunión sea imposible cuando le gritas constantemente a todos!".

respuesta

"De todas formas esas reuniones son una pérdida de tiempo".

declaración

"No, es una pérdida de tiempo porque tú actúas como un imbécil".

respuesta

"Bien, ve y organiza esas reuniones sin mí".

Versión simplificada de una conversación llena
de aportaciones:

declaración
> "Me frustró mucho cómo se desarrolló la reunión
> y creo que a ti también".

respuesta
> "Sí, fue una pérdida de tiempo, como siempre".

declaración
> "Creo que parte del problema fue que no programé
> tiempo suficiente para que todos hablaran.
> También creo que los provocó el modo en que
> los abordaste".

respuesta
> "Bueno, sí, nunca dejas que los demás tengan
> oportunidad de hablar y entonces todos
> terminamos gritando para dar nuestra opinión".

declaración
> "De acuerdo, entonces hablemos sobre lo
> que podemos cambiar. A la próxima, me
> aseguraré de que todos puedan hablar. También
> creo que necesitamos algunas reglas básicas
> para comunicarnos cuando haya tensión. ¿Qué
> te parece?".

respuesta
> "Creo que, si debo asistir a otra reunión,
> definitivamente tiene que ser diferente".

declaración
> "Bien, sentémonos para averiguar cómo hacerlo".

Reconoce tus propias aportaciones.

Por ejemplo:

"Mira, creo que he empeorado todo este asunto al intentar controlar a todos. Intentaré dar un paso atrás".

Si una persona se aleja de la culpa y se dirige a la resolución de problemas, todo el enfoque de la conversación cambiará. Las personas están más dispuestas a hablar sobre lo que aportaron al problema si está es claro que el objetivo es ofrecer información para llegar a una solución satisfactoria, y no para encontrar un chivo expiatorio.

Reconoce las contribuciones de los demás.

Identificar tu contribución no significa ignorar la de la otra persona. Por el contrario, si evitas traerlas a la luz, podrías tergiversar la situación y evitar que pueda cambiar de forma positiva. Sé explícito con tus observaciones y pensamientos respecto a las acciones ajenas y háblale sobre el cambio que te gustaría ver y las razones de ello. Hazlo sin atacar ni culpar.

Por ejemplo:

1 culpando al otro:

"Es tu culpa. Si no me hubieras gritado justo cuando llegué a casa, no hubiera enloquecido. Ya deberías saberlo. Siempre estoy fastidiado cuando regreso del trabajo".

reconociendo la aportación del otro:

"Me cuesta trabajo reaccionar bien si comienzas a hablar de problemas justo cuando llego del trabajo. Necesito diez minutos para relajarme primero, ¿de acuerdo?".

2 culpando al otro:

"No puedo expresar mis ideas porque nunca me dejas hablar. Siempre se trata de ti. No escuchas a nadie más".

reconociendo la aportación del otro:

"Rechazaste mis ideas antes de que pudiera explicarlas. Perdí la motivación y no volví a intentarlo. Me gustaría que me escucharas".

Reformula este enunciado sin culpar a nadie.

"¿Tienes idea de cuánto debo trabajar para pagar esa escuela? Por ti no tengo vida y tú desperdicias mi tiempo y dinero yéndote a fiestas con tus amigos".

▶ Una reformulación posible:

"No entraste a varias clases
y tus calificaciones bajaron.
Es importante para mí que
tengas una buena educación,
y he trabajado mucho
para que eso suceda.
Me enoja que no te hayas
aplicado en tus estudios.
¿Qué está pasando?".

culpa al otro

averigua qué pasó

Busca formas

de avanzar

Una vez intenté abrir un
nuevo sendero en
el bosque, desde un punto
conocido hacia otro,
a través de una vegetación
densa y terrenos
impredecibles. Comencé
en el primer punto y dejé
marcas conforme avanzaba.
Pero empecé a cambiar de
ruta por algunos árboles
caídos y arroyos que
encontré de improviso. Perdí
el rumbo entre la maleza
y no pude encontrar un
camino hacia el otro punto.
Entonces intenté hacer lo
mismo a partir del segundo
punto, con la esperanza de
encontrar mi primer camino,
pero el bosque lucía
diferente desde cada nuevo
ángulo y jamás pude
encontrar la conexión.

Un día intenté una táctica diferente.

Me coloqué en el primer punto y Bill, mi esposo, en el segundo. Así comenzamos a llamarnos en voz alta. Al avanzar hacia la voz del otro, logramos atravesar el terreno marcando el sendero a nuestro paso, hasta que pudimos unir cada uno de nuestros caminos.

Avanzar hacia la resolución de un conflicto requiere de claridad en el punto de inicio de cada uno, conciencia del entorno por el que nos movemos y curiosidad sobre lo que debe hacerse para que podamos avanzar. Las voces que llaman desde ambos lados de un conflicto nos ayudan a encontrar nuestro camino a través de sus complicados terrenos, incluso si esas voces no son bienvenidas. Así somos capaces de formar un sendero que conecta ambas direcciones. Con el fin de atravesar el terreno de manera segura, necesitamos del punto de vista de cada persona entender los peligros y obstáculos, además de las posibilidades y retos. Este último grupo de principios ofrece ideas sobre cómo podemos emprender acciones que nos lleven a resoluciones útiles y duraderas.

antiprincipio

**No le hagas caso
al conflicto.**

Evita el problema real.

**Habla con las personas
equivocadas.**

principio

Reconoce el conflicto.

**Habla con las personas
adecuadas sobre el
problema real.**

Cuando se aborda un conflicto, este saca a relucir los problemas y puede motivar a las personas a entablar conversaciones difíciles. Cuando no se aborda, tiende a complicarse y a escalar, o a volverse una fuente crónica de frustración, estrés y dolor.

A menudo nos rehusamos a abordar el problema real y lo hacemos evitando hablar sobre nuestras preocupaciones con el resto de los involucrados. En vez de optar por eso, averigua con quién tienes el problema y habla cara a cara con esa persona. No caigas en la tentación de despotricar a diestra y siniestra, quejándote a sus espaldas o atacándolo indirectamente. Por el contrario, señala cuál es el problema. Descríbelo en términos que todos puedan aceptar, detallando la situación misma y no el resultado que prefieras ni mucho menos evalúes a la otra persona.

Por ejemplo:

1

"El problema es que no sabes ser un padre. Dejas que nuestros hijos se salgan con la suya".

intenta:

"Me parece que el asunto principal es cómo vamos a responder cuando los niños hagan berrinche. ¿Es así como lo ves?".

2

en vez de:

"Debería renunciar y ya. Es obvio que no respetas ni aprecias mi trabajo y de todas formas te llevas todo el crédito".

intenta:

"Me gustaría hablar sobre cómo repartimos el crédito de nuestro trabajo colaborativo. No creo que actualmente se reflejen las contribuciones de ambos".

Haz solicitudes específicas y realistas

Una vez que han mencionado el problema, identifica tus necesidades o intereses. Luego haz una solicitud específica y razonable. No te aferres a la estrategia que tú sugieras, mantente enfocado en las necesidades de fondo. Puede que la otra persona no esté de acuerdo con la estrategia que propongas, pero solicitar en vez de evaluar, atacar o evitar al otro puede ayudar a que la conversación comience a avanzar en una dirección productiva.

Por ejemplo:

1

"No manejes como loco. Nos vas a matar".

intenta algo como:

"Me asusta cuando conduces así de rápido. ¿Podrías hacerlo a menos de 100 km/h?".

2

en vez de:

"Eres demasiado flojo e irresponsable. Te estás aprovechando de mí. Llevas un año fuera de la universidad. ¿Crees que toda la vida te seguiré pagando todo?".

intenta algo como:

"Quiero que lleguemos a un acuerdo financiero justo. ¿Estarías dispuesto a contribuir con dinero para los gastos mensuales del hogar?".

Cuando se vuelve claro lo que es importante para cada persona y lo que están dispuestas a hacer, es más sencillo entender qué decisiones dependen de ti y es aún más fácil tomarlas de forma consciente.

Separa los problemas

Si te encuentras en un conflicto repleto de problemas, haz una lista y aborda uno a la vez. Identifica la conexión entre estos mientras mantienes las cuestiones principales en primer plano.

Por ejemplo:

1 "Parece que la cuestión principal es cómo se deciden los niveles de salarios. Al mismo tiempo, creo que el asunto de la comunicación entre departamentos también es importante para ti, y quizá primero debamos hablar sobre eso. ¿Es así como lo percibes?".

2 "Creo que nuestro principal problema es cómo dividimos las tareas del hogar. Parece que tampoco estamos de acuerdo sobre qué tan limpio nos gustaría mantener el departamento. ¿Crees que deberíamos hablar sobre quién hace qué y luego determinar el nivel de limpieza con el que ambos estemos conformes?".

Intenta reformular los siguientes
enunciados:

1 "No sirves para el dinero y tus gastos están
fuera de control. De ahora en adelante
quiero estar a cargo de las finanzas del
hogar".

Reformula señalando el problema,
sin incluir tu propia estrategia o una
evaluación de la otra persona.

2 "Cuando hablamos con nuestro contador
eres muy condescendiente. Deja de
tratarme como un idiota. Solo porque no
hablo sin parar como tú no significa que
no entiendo lo que ocurre".

Reformula como una solicitud específica
y razonable.

Una reformulación posible:

1 "Quiero que hablemos sobre nuestros gastos. No estoy de acuerdo con la forma en que has usado los fondos del hogar".

2 "Si hay algo que no entienda, lo preguntaré. Si guardo silencio es porque estoy pensando. Por favor, espera a que pregunte antes de volver a explicarme las cosas".

la elección

evita definir el problema

define
el problema

principio 15

antiprincipio

Asume que no hay buenas opciones.

Confórmate con soluciones que no te satisfacen.

principio

Asume que existen opciones ocultas.

Busca soluciones que los demás apoyen voluntariamente.

Las soluciones exitosas satisfacen las necesidades de todos.

Esto no significa que todas las necesidades deban satisfacerse. Significa que si quieres que una solución dure, debes complacer en cierto grado a cada uno de los involucrados. Asegúrate de que tanto tú como los demás tengan razones para mantener cualquier acuerdo al que lleguen.

No te apresures a encontrar una solución. Ten en mente la posibilidad de que pueden existir opciones que no han descubierto todavía, mismas que podrían satisfacer mucho mejor las necesidades de todos. Para permitir que emerjan nuevas ideas, reconoce las estrategias que puedan surgir solo como opciones, no como soluciones finales que debes defender o rechazar. Usa estas posibilidades como una forma de averiguar lo que es importante para todos.

Por ejemplo:

En un diálogo sobre crianza urbana de pollos:

idea/estrategia sugerida:

"El gobierno debería prohibir la cría de pollos en la ciudad".

reconocimiento:

"De acuerdo, entonces una opción es prohibir por completo los pollos dentro de los límites urbanos".

descubrimiento de intereses:

"¿Con qué ayudaría específicamente prohibir los pollos? ¿Qué evitaría o qué permitiría?".

Averigua qué necesidades debe satisfacer la solución.

Para generar ideas que puedan generar grandes soluciones, observa lo que quiere cada persona del conflicto. Formula preguntas que cuestionen cómo pueden mantenerse unidos todos esos intereses y necesidades.

*oye lo que
aún no has
escuchado*

Por ejemplo:

Imagina un conflicto sobre el tiempo de juego en un equipo de fútbol juvenil muy competitivo. Los intereses son los siguientes:

padre

"Los deportes juveniles deberían tener como meta enseñar a los niños a ser buenas personas. Quiero que los jugadores sean recompensados por trabajar duro y reciban tiempo en la cancha, sin importar el nivel de sus habilidades".

entrenador

"Este es un equipo competitivo y las habilidades son primordiales. Los jugadores que puedan ayudarnos a ganar deberían tener más tiempo en la cancha, sin importar su actitud respecto a las prácticas".

en vez de preguntar:

"¿Quién debería pasar tiempo en la cancha?".

pregunta:

"¿Cómo serían las cosas si el equipo valorara tanto la excelencia como el trabajo duro? ¿Cómo podría reflejarse eso en el modo en que se distribuye el tiempo de juego?".

Las ideas para soluciones efectivas surgen cuando consideramos las necesidades de todas las partes. Para encontrar una solución que las aborde, escucha lo que aún no has escuchado, y no lo que ya sabes.

una forma de
practicar

Analiza el conflicto y formula una pregunta para revelar opciones ocultas.

padre

"Es obvio que no puedes cumplir con tus deberes escolares y jugar en el equipo de básquetbol de la escuela al mismo tiempo. Te voy a sacar del equipo".

hija

"No voy a renunciar al equipo de básquetbol, papá. No me importan las calificaciones, de cualquier modo, es probable que no vaya a la universidad".

► **Una pregunta posible:**

"¿Cómo sería todo si trabajara para estar en el equipo y tuviera un promedio del 80 % al mismo tiempo? ¿Qué cambios harían eso posible?".

la elección

asume que conoces todas las opciones

ten curiosidad sobre las opciones ocultas

antiprincipio

Llega a acuerdos ambiguos o no llegues a ninguno.

principio

Sé explícito con los acuerdos.

También cuando cambien.

Cuando llegues a una resolución, asegúrate de que todos estén de acuerdo con ella.

Menciona todos los detalles que estás aceptando y no asumas que es claro para todos. Por lo general, no lo es y mucho menos cuando son conflictos aún más difíciles de tratar.

Aunque tal vez sientas felicidad por haber llegado a un acuerdo y ahora no te importan las ideas ambiguas, es probable que esto te traiga problemas a futuro. Por ello, vale la pena que pongas a prueba lo que acordaste para identificar los puntos débiles. De esta manera puedes fortalecerlo y adecuarlo a las necesidades de la situación. Si resulta incómodo regresar a los temas que nos molestaron, ser explícitos con las dificultades, sin necesidad de culpar o atacar, puede ayudarnos a reducir la tensión. Además, nos ayuda a normalizar que podemos hablar sobre asuntos complicados sin repercusiones negativas.

Aclara las expectativas

Una vez que alcanzaron un acuerdo sobre cómo avanzar y todos los involucrados se tomaron un momento para exhalar, sugiere la idea de poner a prueba la solución. Saca a relucir tu curiosidad y usa un vocabulario simple.

Por ejemplo:

en una situación más formal, intenta algo como:

"Me gustaría repasar esto una última vez para asegurarme de que estamos de acuerdo con todos los puntos".

Revisa el acuerdo punto por punto. Si llegas a un área que sospechas que es ambigua, di algo como:

"Entonces, esta área ha sido tensa y nos ha resultado difícil hablar de ella. Me gustaría repasarla para asegurarnos de que nuestros acuerdos al respecto son claros y de verdad tiene sentido para todos".

en una situación más personal, intenta algo como:

"Entonces, repasemos esto una vez más para asegurarnos de que sea claro, ¿está bien?".

Presenta la forma en que tú entiendes el acuerdo. Para revisar los aspectos complicados, trata de explicarlo así:

"Parece que esta fue la parte que más trabajo nos costó hablar. Quiero revisarla para asegurarnos de que ambos nos sentimos bien sobre lo que concluimos. ¿Cómo te sientes al respecto?".

Con el tiempo,

la situación puede cambiar,

y tal vez sea necesario alterar el acuerdo o encontrar una solución distinta. Cuando eso ocurra, señálalo explícitamente. Asegúrate de que todos los que están involucrados acepten y entiendan cada cambio. No te valgas de suposiciones.

Ayuda a crear un entorno en el que todos tengan una sensación de claridad, libertad y seguridad al definir lo que contiene el acuerdo y lo que no.

una forma de
practicar

Imagina este escenario y encuentra la
manera de poner a prueba el acuerdo:

Compartes un coche con un amigo y están
discutiendo los días que puede usarlo
cada quien. Luego de hablarlo, llegaron
a un acuerdo, pero no establecieron qué
harán si alguno tiene un contratiempo.

▶ **Una forma posible de poner a prueba
el acuerdo:**

"Creo que ya quedó claro qué
días usaremos el coche. A mí
me tocan los lunes y jueves
todo el día, y tú lo tienes el
resto de la semana.
¿De acuerdo? ¡Excelente!".

"Así que... ahora hablemos
sobre qué haremos si pasa
un imprevisto y alguno de los
dos necesita usarlo en un día
diferente".

llega a acuerdos ambiguos

alcanza acuerdos claros

principio 17

antiprincipio

**Evade cualquier
conflicto futuro. No
planees lidiar con ellos.**

principio

Espera nuevos conflictos y planea qué hacer con ellos.

Después de encontrar la solución al conflicto, habla sobre cómo manejarás los problemas que surjan en el futuro.

Puede que lo veas como una necedad, pero no lo es. El conflicto es constante. Es la fricción que resulta de superponer, entretejer y enfrentar nuestra historia y la del mundo. Hablar abiertamente sobre las estrategias que preparamos para saber cómo actuar después previene problemas innecesarios y resultados destructivos.

Practica recibir con buena actitud la información y el ímpetu que el conflicto te brinda. Usa esa energía e información de forma constructiva, planeando cómo abordar las fricciones futuras. Habla sobre lo que ocurriría si alguien fallara en su acuerdo o la situación cambiara.

Para presentar la idea, usa un lenguaje simple:

"Me alegra que hayamos encontrado una solución y que podamos discutir estos momentos difíciles. Me gustaría que pensáramos en qué haremos en el futuro, si es que surgen otros problemas. Quizá podemos planear cómo señalar cualquier inconveniente que veamos y distintas maneras de hablarlo de buena forma. ¿Qué te parece?".

Habla de forma explícita sobre la manera en que señalarán los problemas. Averigua qué le ayudaría a cada involucrado a reaccionar de mejor manera ante el conflicto y desarrolla estrategias sobre cómo se comunicarán entre sí cuando este surja.

Tal vez parezca que anticiparnos ante los conflictos futuros agravará las tensiones existentes. Pero, mencionar la posibilidad de que ocurran y desarrollar un plan sobre cómo manejarlos, los coloca en un contexto donde pueden entenderse como una parte normal y potencialmente productiva de nuestras vidas. Crea una base para una conexión constante y benéfica en tiempos difíciles.

1 "Es más fácil para mí si señalas los problemas en privado, no en frente de otras personas".

2 "Me resulta difícil escucharte si me gritas. ¿Podemos esperar a que puedas hablar con normalidad? Solo di algo como 'ahora no', para que yo pueda saber lo que ocurre".

3 "¿Qué te parece si hacemos una señal con la mano o algo parecido para hacerle saber al otro cuando nos estamos sintiendo tensos?".

4 "Preferiría mantener las cosas en un tono formal. ¿Qué te parece si elegimos representantes que convoquen a una reunión si surge un problema?".

5 "Si sospechas que está por surgir un problema, por favor, házmelo saber de inmediato. Incluso si parece un mal momento, quiero saberlo".

una forma de
practicar

Analiza este escenario y conversa cómo manejarías los conflictos futuros.

En tu vecindario existe cierta tensión entre los comerciantes y un grupo de chicos a los que les gusta pasar el rato en la calle. Tú y otros jóvenes se reúnen con los dueños de las tiendas y llegan a un acuerdo sobre qué pueden y no hacer frente a los negocios. Pero también crees que renacerá la tensión si surgen nuevos problemas. No quieres que la policía vuelva a involucrarse otra vez.

Una posible manera de iniciar la conversación:

"Bueno, por ahora, parece ser un buen plan. Pero averigüemos qué haremos si surge otro problema, para que tratemos de resolverlo sin la policía. ¿Qué tal suena eso?".

"¿Qué nos facilitaría la comunicación sobre estos problemas en el futuro?".

la elección

evade la posibilidad de algún conflicto futuro

planea qué hacer en los conflictos futuros

El conflicto es un lugar de posibilidades.

Cambia tu conversación.